NATIONAL GEOGRAPHIC KiDS

Pequeños exploradores

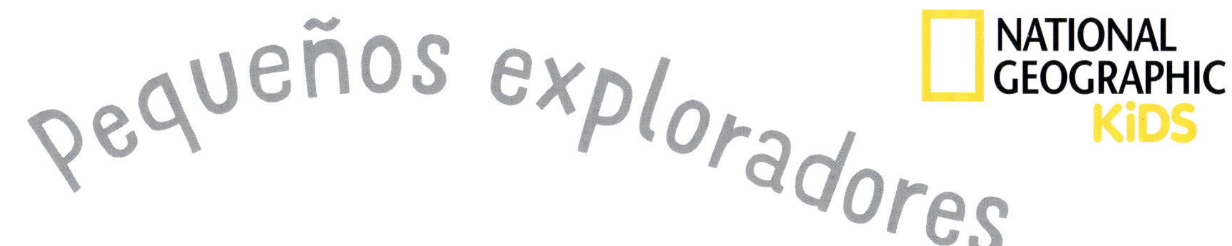

Vamos a descubrir

NUEVA YORK

Textos de Daniela Celli

Ilustraciones de Laura Re

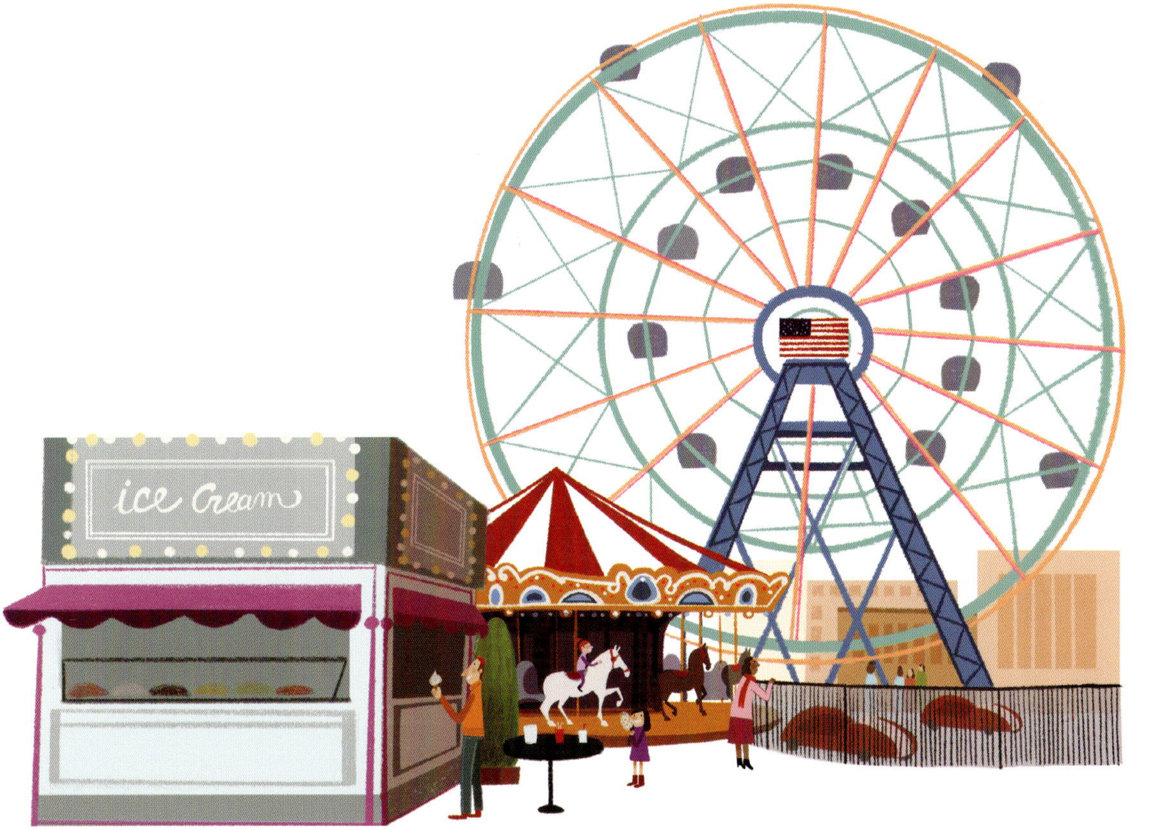

QUERIDO PAPÁ, QUERIDA MAMÁ:

Tal vez te estés preguntando por qué deberías llevar a tus hijos a una metrópolis caótica y ruidosa, apretada en un ovillo de telarañas de acero y donde el aire sabe poco a océano y mucho a salchichas y óxido.
La respuesta es simple: no hay rincón de esta ciudad que no esconda una historia que contar; no hay calle, rascacielos o plaza en la que no haya algo que descubrir.
Nueva York es un inmenso parque de juegos donde se puede vivir la más extraordinaria de las aventuras: pasear entre las vías de un antiguo ferrocarril y volar entre los rascacielos hasta una isla con un faro, alquilar una barca de remos, subir a una terraza de vértigo o presenciar el más bonito de los atardeceres montando un corcel de madera que tiene más de un siglo.
This is New York, diría Sasek.
Esta guía pretende ser un primero, pequeño tesoro de lugares, historias y curiosidades a medida de los niños. Para jugar a viajar desde el sofá o para viajar de verdad.
He puesto dentro algunas de las cosas que descubrí cuando Nueva York era mi ciudad y las que le han gustado a mis hijos cada vez que hemos vuelto.
Con la esperanza de que también pueda ser para tus hijos una invitación a descubrir el mundo, ¡con curiosidad y con los ojos siempre llenos de admiración y asombro!

A Charlie, con todo el amor del mundo.
Ahora corre feliz sobre alfombras de nubes.

Daniela Celli

¡*GOOD MORNING*, PEQUEÑOS EXPLORADORES!

Mi nombre es MR. SQUIRREL y, como habrás adivinado, soy una ardilla. Vivo en un gran árbol que se encuentra a lo largo de un sendero un poco salvaje de *Central Park*, pero me encanta pasear por Nueva York y descubrir las historias y curiosidades que esconde. Por ejemplo, he oído que puede haber un tesoro escondido debajo de una piedra en Liberty Island y sé con certeza que en el Museo de Historia Natural hay un enorme esqueleto de un Titanosaurio. ¿Te apuntas a venir conmigo?

Me he divertido mucho preparando para ti cuatro itinerarios diferentes que nos llevarán a explorar algunos de los lugares más famosos de una ciudad única en el mundo. ¿Qué otro lugar conoces donde una pista de *hockey* sobre hielo se cubre en pocos minutos con una de baloncesto, como si fuera un rompecabezas? Cada ruta comienza con un MAPA donde encontrarás representadas las paradas previstas. Y entre una curiosidad y otra también encontrarás algún juego, ¡así que mantén los ojos bien abiertos!

¿Nos preparamos para partir?

LET'S GO ON AN ADVENTURE!

ÍNDICE

RUTA - 1

RUTA - 2

Nueva York

Good morning my kid,
¡te damos la bienvenida a Nueva York!

RUTA - 1

EAST RIVER

Hoy comenzaremos a explorar la ciudad desde algunos de los principales lugares del *Upper Manhattan*, la zona que se extiende de un lado a otro de *Central Park*. Iremos a la caza de ESTATUAS, nos perderemos entre los FÓSILES y las OBRAS DE ARTE de dos extraordinarios museos y finalmente sobrevolaremos la ciudad a bordo de una CABINA VOLADORA.

• Imposible perderse

Manhattan ha sido diseñada como si fuese un tablero de ajedrez gigante. Las *AVENUES* son las amplias avenidas que la cortan verticalmente, numeradas en orden creciente de este a oeste. Las *STREETS* son las calles que la dividen horizontalmente y crecen en número de sur a norte. ¡*Broadway* es la única calle que la cruza en diagonal!

• La isla de los arcos

El nombre *Manhattan* deriva del término *manaháhtaan* que en *Lenape*, la lengua de los indígenas nativos que la habitaban antes de la llegada de los colonos, significa el LUGAR DONDE ENCONTRAR LEÑA PARA HACER LOS ARCOS. Lo que hoy es una ciudad salpicada de rascacielos en otros tiempos era una zona montañosa llena de bosques y lagos, habitada por osos y águilas.

CENTRAL PARK

¡Te damos la bienvenida al parque más grande de Nueva York!

Con más de 4 kilómetros de largo y 800 metros de ancho, *Central Park* es el gran pulmón verde de Manhattan. En su interior, se esconden desde lagos artificiales, estatuas, fuentes, bonitos parques infantiles, un castillo, un zoológico hasta un teatro de marionetas. Se puede pasear, navegar, correr, pedalear y, por supuesto, ir de pícnic. En verano se puede asistir a espectáculos y conciertos, mientras que de octubre a marzo hay una fantástica pista de patinaje sobre hielo.

• *Welcome to my house*

¿Te intriga saber dónde vivo? Entonces solo tienes que ir a *The Ramble*, un precioso sendero de aspecto un poco salvaje en el que viven numerosos animalitos: otras ardillas como yo, pájaros, *chipmunks (ardillas terrestres)*, zarigüeyas, tortugas y muchos mapaches a los que les encanta dormir sobre las ramas de los árboles. ¿CUÁNTOS PUEDES VER? ¡DESPUÉS DE ENCONTRARLOS TODOS, JUEGA CON LAS ESTATUAS DEL PARQUE!

• *Alicia en el País de las Maravillas*

Sentada sobre una seta gigante, Alicia está rodeada de los famosos personajes de la amada novela de *Lewis Carroll*: están el Gato de Cheshire, el Conejo Blanco, el Lirón y... ¿a quién más reconoces?

¡Es el Sombrero Loco!

• Un héroe de cuatro patas

En 1925 un grupo de perros valientes, entre ellos BALTO, recorrió cientos de kilómetros entre los hielos de Alaska, enfrentando peligros y tormentas de nieve para transportar un medicamento que salvaría la vida de tantas personas. La estatua del *siberian husky* está dedicada a Balto y a los otros héroes de cuatro patas.

Y AHORA, ¿TE APETECE VISITAR UN MUSEO? Para la HISTORIA NATURAL, pasa página; si prefieres el ARTE, pasa a la página 12. ¡AMBOS SE ENCUENTRAN MUY CERCA, JUSTO AL SALIR DE *CENTRAL PARK*!

MUSEO DE HISTORIA NATURAL

¡Puedes pasar allí una semana entera y aun así no llegar a recorrerlo por completo!

Y sí, ¡el de Nueva York es el Museo de Historia Natural más grande del mundo! Distribuidas en cuatro plantas además del sótano, la historia, la naturaleza, la ciencia y la cultura aparecen en forma de dioramas, reconstrucciones, fósiles e instalaciones escenográficas divididas en 45 enormes salas temáticas.

¡SE DICE QUE CONTIENEN MÁS DE 33 MILLONES DE EJEMPLARES!

• Una noche en el Museo

Aquí se desarrolla la famosa película *Noche en el museo*, en la que el simpático Ben Stiller interpreta a Larry, un vigilante nocturno que se enfrenta a una antigua tabla que tiene el poder de dar vida a todo lo que se encuentra en el Museo...

• La reina de los mares

La ballena azul es el animal vivo más grande del mundo. ¡Tiene más de 30 metros de largo y su lengua puede pesar como una hembra de elefante! Su espectacular reproducción en fibra de vidrio se encuentra colgada del techo en la Sala de los Océanos, en la PRIMERA PLANTA.

• El gigante de la Patagonia

En la CUARTA PLANTA del Museo, en la magnífica sala dedicada a los fósiles, reina la reproducción en tamaño real del esqueleto de un Titanosaurio, el enorme dinosaurio descubierto en la Patagonia en 2014. Este gigantesco saurópodo de cuello muy largo ¡pesaba como trece elefantes y era tan largo como tres autobuses!

• Del espacio a la Tierra

En el PRIMER PISO puedes experimentar la emoción de tocar a *Willamette*, el meteorito más grande jamás encontrado en los Estados Unidos. ¿NO CREES QUE SE PARECE A UN GIGANTESCO TROZO DE QUESO GRUYER? En realidad, los cráteres se deben a la erosión causada en la Tierra por los agentes atmosféricos. De hecho, la enorme pieza de hierro cayó en nuestro planeta hace miles de años, después de haber viajado a una velocidad de 64 000 km/h.

METROPOLITAN MUSEUM OF ART

¿Alguna vez has jugado a viajar a través del tiempo?

Visitar el MET es un poco como hacer un viaje por la historia. Se toma el mapa del museo, se elige la época, el lugar, lo que nos gustaría ver y... ¡tarán! Se puede dar un salto desde la época clásica, hasta el siglo XX. CON MÁS DE DOS MILLONES DE OBRAS, EL METROPOLITAN ES UNO DE LOS MUSEOS DE ARTE MÁS GRANDES DEL MUNDO.

• Sin mancha y sin miedo

¿Te fascina el mundo de los caballeros? En el primer piso te encontrarás ante un verdadero desfile de paladines a caballo. La sección dedicada a las armaduras incluye piezas provenientes de todo el mundo pertenecientes a príncipes, reyes e incluso samuráis japoneses.

• En los tiempos de los faraones

¿Te apasiona el Antiguo Egipto? ¡El ALA DE ARTE EGIPCIO alberga la recomposición del maravilloso *TEMPLO DE DENDUR*! Piensa que para transportar hasta aquí los pesadísimos bloques de piedra fueron necesarias 661 cajas que han viajado por mar a bordo de un gran barco de carga.

• Arte al aire libre

Todos los años, el techo del MET también acoge diferentes obras de arte. Y aquí también se puede beber o comer un *aperitivo* en el bar, ¡disfrutando de una magnífica vista de los rascacielos!

Si te gusta el arte, a poca distancia del MET se encuentran otros dos espléndidos museos: el *GUGGENHEIM MUSEUM* dedicado al arte moderno y contemporáneo, y el *MOMA*, el Museo de Arte Moderno.

ROOSEVELT ISLAND TRAMWAY

¿Volamos sobre la ciudad?

Calma, no me he vuelto loco, ¡las ardillas damos grandes saltos pero no llegamos a tanto! Para llegar a *Roosevelt Island* debemos subir a una de las dos cabinas rojas que cada día transportan hasta ciento diez personas desde y hacia Manhattan.

PARA LLEGAR A LA ISLA, EL TELEFÉRICO SOLO TARDA CUATRO MINUTOS ¡Y LA VISTA ES ESPECTACULAR!

• La pequeña manzana de Nueva York

Roosevelt Island es una pequeña isla de unos 3 kilómetros de largo, que se encuentra en el centro del río entre Manhattan y Queens.
Antiguamente albergaba hospitales, prisiones y manicomios, pero hoy en día es un tranquilo lugar residencial para pasear a lo largo del río, disfrutando de una magnífica vista de la ciudad. En la punta norte se encuentra un antiguo faro de piedra del siglo XIX.

¿TE APETECE QUE ALQUILEMOS UNA BICICLETA Y LLEGUEMOS HASTA ALLÍ?

• **¡Salvada por un superhéroe!**
En 2002, el teleférico protagonizó una escena impresionante de la película *Spiderman*.
En la película, el Hombre Araña debe decidir si salvar a Mary Jane que cuelga del puente de *Queensboro* o a los pasajeros de la cabina. ¿CÓMO CREES QUE ACABÓ LA HISTORIA?
Busca y encuentra
Una bicicleta roja, un gato, dos barcas de remos, dos hombres con sombrero, siete gaviotas, tres familias de patos y un perro.

Hello my kid, ¿partimos?

RUTA - 2

La aventura de hoy nos llevará por algunos de los lugares más famosos de *Midtown*, el corazón de Manhattan. Iremos también a descubrir dos extraordinarios ESPACIOS VERDES, uno suspendido en el cielo y el otro en el río, subiremos a dos RASCACIELOS altísimos y descubriremos los secretos de uno de los ESTADIOS más famosos del mundo.

Saddle up, ¡vamos!

CocaCola

4

CHRYSLER BUILDING

5

EMPIRE STATE BUILDING

• Duchas al aire libre

Hoy en día en Nueva York hay más de 100 000 hidrantes. El primero se instaló en 1808, con el fin de sustituir los cubos de agua dejados desperdigados en caso de incendio.

En los veranos más calurosos es habitual entre los ciudadanos aprovechar este recurso para... ¡refrescarse! Pero antes hay que ir con un adulto a un cuartel de bomberos, pedir permiso y... una llave inglesa especial; ¡si no, corremos el riesgo de que nos pongan una multa!

• Un perrito caliente, por favor

No se puede caminar por Manhattan sin comer al menos un *hot dog*, el bocadillo tierno con salchicha que se vende en los carritos de cada esquina de la calle. Existen numerosas leyendas sobre el origen de este nombre insólito, pero lo cierto es que el perrito *(dog)* hace referencia al perro «salchicha» (o Teckel), cuya forma recuerda a la del embutido.

LITTLE ISLAND

Follow me to Little Island, hoy vamos a descubrir la extraordinaria isla flotante que se extiende sobre el río *Hudson.*

¿Ves esos gigantescos pilones en forma de tulipán flotando sobre el agua como una hoja suspendida sobre el río? Son nada menos que 132 y todos juntos forman parte de un magnífico parque de aproximadamente una hectárea, ¡más que un campo de fútbol entero! Se puede llegar recorriendo uno de los dos puentes peatonales y luego pasear de un lado a otro porque todas las ‹flores› están conectadas entre sí.
Me encanta trepar a los árboles y hacer *cucú tras* entre los rascacielos.

¿SABES QUE DESDE AQUÍ TAMBIÉN SE PUEDE VER LA ESTATUA DE LA LIBERTAD?

• La calma después de la tormenta

Little Island se construyó en 2021 sobre el antiguo muelle 54 que, diez años antes, había sido dañado por el terrible huracán *Sandy*. Además de hermosas plantas y muchas flores, este remanso de paz cuenta con dos teatros al aire libre y una zona dedicada a los *food trucks*, las furgonetas que venden comida.

... ¿QUÉ TAL SI HACEMOS UN PÍCNIC? ¡MI DEBILIDAD ES EL «AVOCADO TOAST»!

• Los restos de un pasado importante

A los pies del *South Bridge* se encuentra un gigantesco arco de acero. Es todo lo que queda de lo que una vez fue el lugar del que partían o al que llegaban los grandes transatlánticos como el LUSITANIA o el TITANIC. ¡Por desgracia, este último nunca llegó al muelle porque naufragó después de chocar contra un *ICEBERG!*

THE HIGH LINE

Come on young explorer, sígueme por las escaleras. Estamos a punto de subir dentro de un parque donde antes corrían... ¡trenes!

• Antes...

En la segunda mitad del siglo XIX, Manhattan estaba atravesada por una red ferroviaria que conectaba la estación central con el *Downtown*. LARGOS TRENES RESOPLANTES recorrían las vías en medio de la ciudad y, como podrás imaginar, el riesgo de accidentes era muy alto. Para resolver el problema se emplearon algunos bravos hombres a caballo, que tenían que galopar arriba y abajo entre los rieles ondeando una bandera roja cada vez que pasaba un tren. Y ASÍ CONTINUÓ HASTA 1935, CUANDO LLEGÓ LA GENIAL IDEA DE ELEVAR EL FERROCARRIL.

... después...

La aparición de otros tipos de transporte disminuyó la demanda de trenes y en 1980 el *High Line* se convirtió en un FERROCARRIL FANTASMA. La naturaleza envolvió los rieles, convirtiéndola en una verdadera JUNGLA URBANA durante casi 30 años, hasta que una asociación de residentes tuvo otra idea genial: ¿POR QUÉ NO CONVERTIRLA EN UN PARQUE?

... y finalmente hoy.
La *High Line* es un parque lineal que «vuela» entre los rascacielos a lo largo de más de dos kilómetros. Un extenso JARDÍN SECRETO donde plantas, flores y árboles se extienden entre los edificios por encima del intenso tráfico de la ciudad. ¡Hay fuentes, obras de arte, bancos e incluso cafeterías y restaurantes!

MADISON SQUARE GARDEN

¿Vamos a visitar una de las arenas deportivas más famosas del mundo?

Además de ser el estadio del famoso equipo de baloncesto de los *NEW YORK KNICKS* y del equipo de hockey de los *NEW YORK RANGERS*, el *Madison Square Garden* acoge todos los años innumerables eventos deportivos, así como famosos espectáculos y conciertos.
El gran edificio circular, construido en 1968 donde se encontraba una antigua estación, tiene capacidad para 20 000 personas.

SU NOMBRE ES UN HOMENAJE A *JAMES MADISON*, CUARTO PRESIDENTE DE LOS ESTADOS UNIDOS.

• Un suelo mágico

A veces sucede que el mismo día se juega un partido de *hockey* sobre hielo por la tarde y otro de baloncesto por la noche.

PERO ENTONCES, ¿QUÉ PASA CON EL HIELO?
Después del partido, la pista congelada se cubre primero con un contrachapado especial y luego con el parqué de la pista de baloncesto, montado como un rompecabezas, pieza por pieza.

• Invocando la buena suerte

Entre los jugadores de la NBA son muy habituales los rituales y las supersticiones: hay quienes se acarician tres veces la mejilla derecha antes de lanzar la pelota, quienes cantan haciendo un baile, quienes lanzan un beso al cielo, ¡e incluso quienes comen un sándwich de crema de cacahuete y gelatina una hora antes de cada partido!

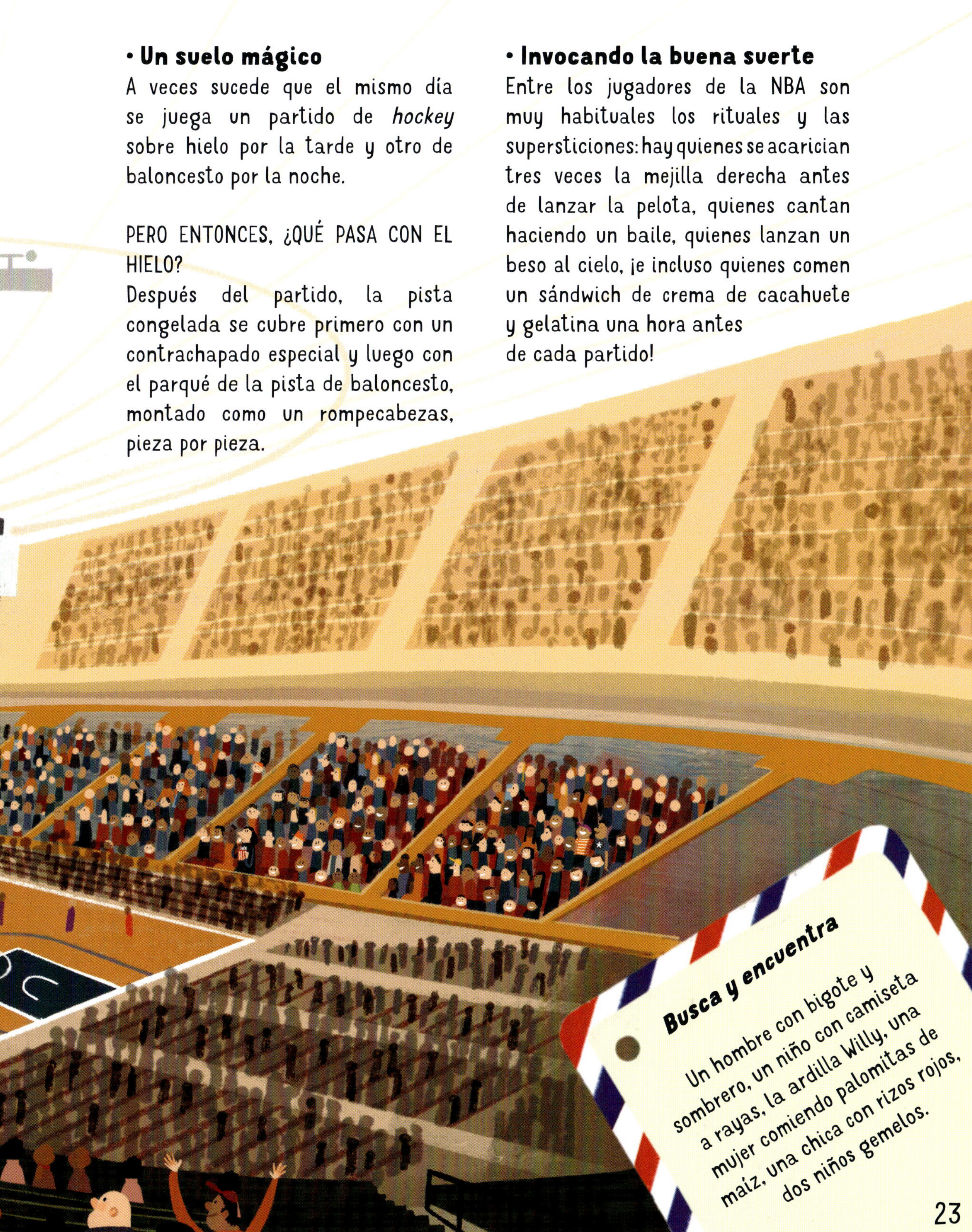

Busca y encuentra

Un hombre con bigote y sombrero, un niño con camiseta a rayas, la ardilla Willy, una mujer comiendo palomitas de maíz, una chica con rizos rojos, dos niños gemelos.

CHRYSLER BUILDING

¡Ey!, ¿me ves?

Inaugurado en 1929, el Chrysler Building se ganó el título de rascacielos más alto del mundo gracias a una ingeniosa estrategia: la adición en el último momento de una aguja construida en secreto que, junto con un poderoso mástil, le hizo alcanzar la altura de 318,90 metros, superando a los edificios adversarios.

• Una estructura a todo motor

Nacida como sede del famoso fabricante de automóviles, la estructura se inspira en el mundo de los coches. ¡Algunas partes de este hermoso rascacielos se componen nada menos que de coches estilizados, tapacubos, guardabarros y tapas de los radiadores! ¿Y VES LAS GÁRGOLAS EN LA PLANTA 61? ¡Estoy sobre una de ellas! Si la observas bien te darás cuenta de que no es un monstruo cualquiera, sino un águila similar a los adornos de los capós de los coches modelo *Plymouth Chrysler*.

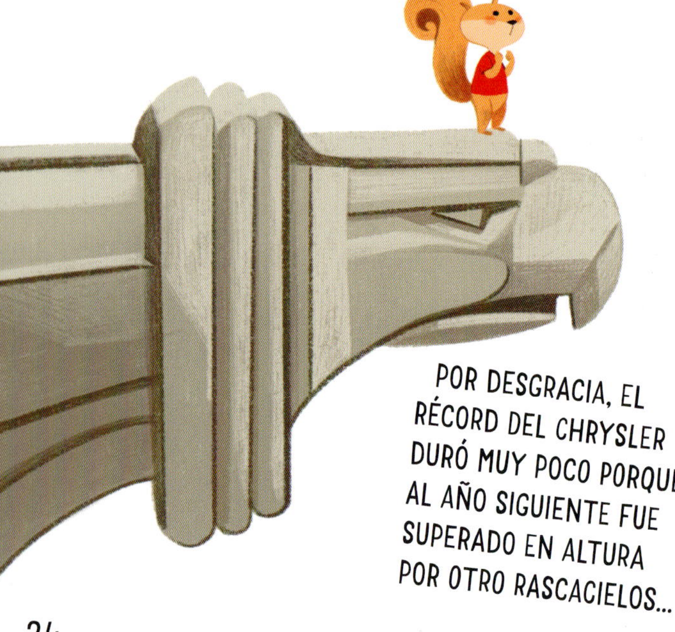

POR DESGRACIA, EL RÉCORD DEL CHRYSLER DURÓ MUY POCO PORQUE AL AÑO SIGUIENTE FUE SUPERADO EN ALTURA POR OTRO RASCACIELOS...

EL EMPIRE STATE BUILDING

¡Él fue quien se adueñó del récord del *Chrysler*!

Construido en solo 410 días, el Empire State Building se inauguró en 1931 e inmediatamente se convirtió en un símbolo de Nueva York y de toda América. Con su vertiginosa altura de 381 metros, le quitó al *Chrysler* el récord del rascacielos más alto del mundo, reinado que mantuvo durante 39 años.

- **Juegos de luz**
Cuando la oscuridad cae sobre la Gran Manzana, los últimos treinta pisos del edificio se iluminan con luces de colores que cambian con motivo de eventos y celebraciones especiales. Por ejemplo, rojo y verde en Navidad o naranja y negro para *Halloween*.

- **Run Up**
Cada año, el Empire es sede de una carrera realmente singular. Para ganar, los participantes deben llegar lo más rápido posible a la planta 86. Piensa que los corredores más ágiles consiguen subir los 1576 escalones en menos de diez minutos.

PASEO MIRANDO EL CIELO

Descubramos los demás rascacielos

- **Flatiron Bulding**

Una extraña plancha

Con una altura de «solo» 86 metros, claramente no es uno de los rascacielos más altos de Nueva York, pero sin duda es uno de los más inusuales.

Muchos estaban convencidos de que un edificio tan estrecho se habría derrumbado con la primera ráfaga de viento. ¡Pero se equivocaban!

POR SU FORMA EXTRAÑA, PRIMERO SE LE APODÓ «REBANADA DE PASTEL» Y LUEGO «PLANCHA», ¡NOMBRE CON EL QUE AÚN SE LO CONOCE HOY!

- **30 Hudson Yards**

Solo para valientes

Se necesita una buena dosis de coraje para subir hasta el centésimo piso de *30 Hudson Yards*. Es aquí donde se encuentra *The Edge*, «el Borde», una de las plataformas panorámicas más altas del mundo, suspendida en el vacío y con el suelo... de cristal.

One World Trade Center: 541 metros

Central Park Tower: 472 metros

111 West 57th Street: 435 metros

One Vanderbilt: 427 metros

¿SABÍAS QUE EN NUEVA YORK HAY MÁS DE 6400 RASCACIELOS?

• Steinway Tower

El más delgado

La *Steinway Tower* es el rascacielos más delgado del mundo, tanto que al verlo se tiene la sensación de que el edificio desaparece entre las nubes porque la profundidad disminuye con la altura.
¡En su interior hay apartamentos de lujo que comparten un gimnasio, una piscina e incluso una pista de tenis!

• One World Trade Center

Para no olvidar

El *One World Trade Center*, también llamado *Freedom Tower*, es el rascacielos más alto de Nueva York. Su construcción comenzó después de que un terrible atentado derribara las Torres Gemelas.
El nuevo edificio se encuentra justo delante del *Zona Cero*, la zona donde se encontraban los dos edificios destruidos y que hoy alberga el magnífico Memorial, además del museo dedicado a los tristes acontecimientos del 11 de septiembre de 2001.

432 Park Avenue: 426 metros

Empire State Building: 381 metros

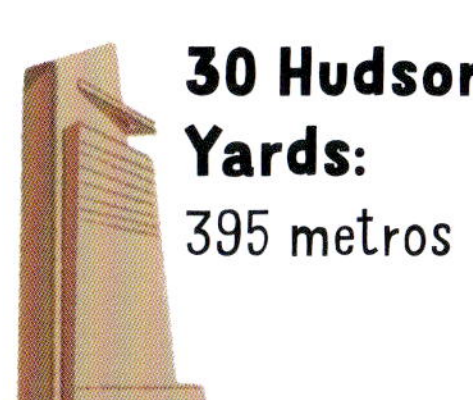

30 Hudson Yards: 395 metros

Bank of America Tower: 366 metros

My dear kid, ¡una nueva aventura nos espera!

RUTA - 3

La tercera ruta comienza a bordo de un barco que nos llevará a descubrir uno de los monumentos más famosos del mundo. Cuando regresemos a tierra firme subiremos a un extraordinario puente colgante y finalmente iremos nada menos que... a China. ¿IMPOSIBLE? ¡Nada es irrealizable en Nueva York! *Come on!*

• El cuartel fantasma

No hay rincón de esta ciudad que no haya aparecido en alguna PELÍCULA. ¡Piensa que cada año se filman aquí al menos 150! Entre los muchos sets que se pueden visitar, no lejos de *Chinatown*, en *Tribeca*, hay una estación de bomberos muy... especial. ¡En 1984 fue la sede de un simpático grupo de *CAZAFANTASMAS!*

SI VAS ALLÍ, ¡BUSCA AL FANTASMA EN LA ACERA!

• La Pequeña Italia de *Mulberry Street*

A partir de mediados del siglo XIX, miles de italianos vinieron a vivir a Nueva York. La mayoría de ellos se establecieron en una zona del Lower Manhattan que más tarde tomó el nombre de *Little Italy*. Hoy en día queda muy poco de la «Pequeña Italia», solo una calle llena de restaurantes, pizzerías y música italiana antigua.

LA ESTATUA DE LA LIBERTAD

¡Todos a bordooooo!

Para llegar a la Estatua de la Libertad, uno de los monumentos más famosos del mundo, debemos tomar el barco que en solo 15 minutos conecta la punta de Manhattan con *Liberty Island*. Tras desembarcar, se puede decidir trepar por empinadas escaleras de caracol para subir hasta la corona.

• Desde Francia con amistad

La Estatua de la Libertad fue construida en Francia por el escultor *Frédéric-Auguste Bartholdi* con la colaboración de *Gustave Eiffel*; sí, el de la famosa Torre. Luego, fue «cortada en pedazos» y colocada dentro de 214 cajas que fueron cargadas en un barco para ser transportadas a América. Durante la travesía, la fragata tuvo que enfrentarse a una violenta tormenta pero, después de 27 días, llegó a Nueva York sana y salva.

• Cambio de *look*

Cuando se inauguró en 1886, la «piel» de la estatua era marrón rojiza. Con el paso de los años, el cobre con el que está recubierta se ha oxidado, dándole el color azul-verde actual.

• Un detalle importante

Mira los pies de la estatua.
¿Qué ADVIERTES? Sí, es verdad, son gigantes. ¡Si Lady Liberty tuviera que comprarse más sandalias, necesitaría el número 879!

BROOKLYN BRIDGE

Volvemos a tierra firme (o casi...) para cruzar ¡uno de los puentes más fascinantes de Nueva York!

Terminado en 1883, el *Brooklyn Bridge* fue durante varios años el puente colgante más grande del mundo. Para realizar su gigantesca estructura de acero, fueron necesarios 600 obreros que afrontaron el riesgo indescriptible de sumergirse en las cámaras de excavación submarinas para trabajar en los cimientos.

Con una longitud de poco menos de 2 kilómetros, cruza el *East River* conectando Manhattan con Brooklyn; por la parte inferior pasan los coches, mientras que por la zona superior se puede recorrer a pie o en bicicleta.

• Inquilinos con plumas

Por favor, quédate cerca mientras atravesamos: yo, eh, tengo un poco de miedo. Debes saber que a los halcones peregrinos les encanta anidar justo en las torres del puente. ¿CUÁNTOS LOGRAS VER? *HELP!*

• A prueba de elefantes

Algunos eventos desafortunados y trágicos incidentes, que tuvieron lugar antes y después de la inauguración del puente, causaron un miedo generalizado entre los ciudadanos que no creían en su estabilidad.

El célebre empresario del *Circo Barnum* aprovechó estos temores para demostrar la solidez de la estructura y al mismo tiempo hacerse publicidad.

ASÍ FUE COMO EL 17 DE MAYO DE 1884 CRUZÓ EL *PUENTE DE BROOKLYN* CON 21 ELEFANTES, 10 CAMELLOS Y 7 DROMEDARIOS.

CHINATOWN

¿Nos damos una vuelta por China? *No, my friend,* no me volví loco, ¡en Nueva York todo es posible!

En Nueva York conviven muchas culturas diferentes, herederas de las poblaciones que han elegido a esta ciudad como su lugar en el mundo. Hoy vamos a descubrir *Chinatown*, el encantador barrio chino colorido, lleno de gente y... ¡sabroso!

• Sabores inusuales
Según los historiadores, parece que el helado nació en Asia. ENTONCES, ¿TE APETECE PROBARLO?

La Ice Cream Factory, con su distintivo letrero, produce helado desde hace más de cuarenta años.

Entre los sabores más inusuales, se puede elegir el de FRIJOLES ROJOS, el de planta PANDÁN o el de TARO, un tubérculo similar a la patata pero de color... ¡púrpura!

• **Yùnhóng Chopsticks**
¿ALGUNA VEZ HAS INTENTADO COMER CON DOS PALILLOS?
Desde los tiempos más antiguos, en China se usan palillos en lugar de tenedores. En el número 50 de *Mott Street* se puede comprar todo tipo de juegos: algunos están decorados con dibujos que cuentan una historia, pequeños poemas o dibujos de animales.

¡QUIÉN SABE SI TAMBIÉN ESTÁ LA ARDILLA!

Busca y encuentra

Un gato de la suerte, dos plantas de lucky bamboo, cuatro cuencos de arroz, dos abanicos, un tablero de ajedrez chino y Mr. Squirrel.

LOS OTROS BARRIOS

UN PASEO POR OTROS BARRIOS

• Little Red Lighthouse

(Fort Washington Park Upper Manhattan)

Con vistas al río *Hudson* se encuentra un pequeño, rechoncho y simpático faro rojo, el único de Manhattan.

Está allí desde antes de que se construyera el *George Washington Bridge* en 1931 y hasta entonces había sido él quien se había encargado de los navegantes. Cuando el nuevo sistema de iluminación del puente hizo que quede obsoleto, lamentablemente, se pensó en desmantelarlo.

Afortunadamente, gracias a la escritora H.H. Swift, que lo convirtió en el protagonista de un libro y a la protesta de las personas que le eran queridas, el *Little Red Lighthouse* se quedó junto a su amigo *Puente*, donde todavía se encuentra hoy.

• Jane's Carousel

(DUMBO)

No hay carrusel con unas vistas más bonitas que en el precioso *Brooklyn Bridge Park*. El antiguo carrusel, que acaba de cumplir 100 años, se construyó en 1922. Arruinado por el tiempo, estaba a punto de ser vendido pieza por pieza, pero en 1983 fue comprado por un par de artistas.

Los 48 caballos fueron cuidadosamente restaurados y ahora regalan felicidad a todos los niños que visitan DUMBO, el barrio que se encuentra debajo del puente de Manhattan.

• Coney Island

(Brooklyn)

En la parte sur de Brooklyn hay una pequeña península donde no solo se dice que se inventó el *hot dog*, sino que en 1903 se abrió un parque de atracciones muy famoso, llamado... *Luna Park*.
Luna, pensad un poco, ¡era nada menos que la hermana del propietario!

Además de un chapuzón en el océano, aquí es obligatorio dar al menos un paseo en la noria centenaria. Con casi 50 metros de altura, cuenta con cabinas rojas y azules que, además de girar, se balancean, mientras que las blancas permanecen inmóviles.

Y TÚ... ¿CUÁL ELEGIRÍAS?

¡No puedo creer que ya hayamos llegado a la última ruta!

RUTA - 4

Hoy nos espera un día lleno de lugares fantásticos e historias curiosas. Comenzaremos por una plaza en forma de lazo, descubriremos el set de una famosa PELÍCULA con un pequeño protagonista que se equivoca de avión, iremos a ver a los reyes de la biblioteca pública y terminaremos nuestro viaje en una ESTACIÓN ESPECIAL.

Hurry up, let's go!

• Escenario sobre ruedas

Uno de los medios más utilizados para moverse por Nueva York es el METRO. Con casi 500 estaciones y más de 1000 kilómetros de vías, permite llegar fácilmente a todos los rincones de la GRAN MANZANA. ¡Los vagones del *subway* también son el escenario de muchos artistas callejeros que entretienen a los pasajeros tocando, cantando e incluso realizando bailes acrobáticos!

• Lost and Found

¿Has olvidado algo en el tren? No te preocupes, en la *Grand Central Terminal* hay una oficina especial que recoge y cataloga lo que se pierde en el metro y los trenes. Entre los hallazgos más inusuales se encuentran varios vestidos de novia, una máquina de karaoke, anillos de compromiso, ¡e incluso una PIERNA FALSA!

TIMES SQUARE/BROADWAY

¡Te damos la bienvenida a la intersección más caótica, brillante y ruidosa y fascinante de toda Nueva York!

Times Square, que debe su nombre al famoso periódico estadounidense, es una explosión de rascacielos coronados por gigantescos letreros luminosos y carteles de neón de hasta siete pisos de altura. A pesar de la forma inusual, similar a una gran pajarita, es oficialmente una plaza, ¡una de las más concurridas del mundo!

• Un espectáculo para extraterrestres
Como se ve en las imágenes tomadas por la tripulación de la *Misión 16*, *Times Square* es tan brillante que es fácilmente visible desde el espacio.

• La noche de Año Nuevo

Desde hace más de un siglo, el 31 de diciembre la plaza se llena de miles de personas que vienen aquí a celebrarlo.

PARA LA OCASIÓN, UNA GRAN BOLA DE CRISTAL ILUMINADA POR 32 000 LEDES SE DEJA CAER POR EL ASTA DE UN RASCACIELOS Y, CUANDO LLEGA LA MEDIANOCHE, LANZA UNA TONELADA DE CONFETI A LA MULTITUD.

• Una calle *espectacular*

Times Square está atravesada por *Broadway*, una de las calles más antiguas de la ciudad y la primera iluminada por farolas de gas.

Con unos 50 kilómetros de longitud, de los cuales 23 están dentro de los límites de la ciudad, es conocida por el Distrito de los TEATROS, ¡que son más de cuarenta!

ENTRE LOS MUSICALES MÁS FAMOSOS RECORDAMOS *EL FANTASMA DE LA ÓPERA, CATS, ALADDIN, EL REY LEÓN Y FROZEN.*

¿TE GUSTARÍA VER UNO?

ROCKEFELLER CENTER

¿Todo listo para afilar las cuchillas de los patines?

En 1930 John Rockefeller Jr., hijo del hombre más rico del mundo, mandó construir un enorme complejo de edificios en la zona de Midtown. Hoy en día, los 19 edificios, conectados por largas galerías comerciales, incluyen teatros, estudios de televisión, la espectacular terraza panorámica *Top of the Rock* y, de noviembre a marzo, una de las PISTAS DE PATINAJE SOBRE HIELO MÁS FAMOSAS DEL MUNDO.

• *So This Is Christmas*

¡No es realmente Navidad en Nueva York hasta que no se enciende el árbol del *Rockefeller Center!* Durante casi un siglo, a finales de noviembre, se coloca un gigantesco abeto rojo en Rockefeller Plaza. El árbol está iluminado por más de 45 000 luces y en la punta se encuentra una gran estrella SWAROVSKI compuesta por más de 25 000 cristales. *¡WOW!*

• ¿Alguna vez has visto la peli *Solo en casa 2*?

En la famosa película navideña, después de muchas aventuras, *Kevin* vuelve a abrazar a su madre aquí mismo.

NEW YORK PUBLIC LIBRARY

Oh, help, quédate cerca de mí, compi, ¡esos dos bichos grandes me dan miedo!

Fuera del precioso edificio que alberga una de las BIBLIOTECAS más grandes de Estados Unidos, hay una gran escalera donde DOS GRANDES LEONES de mármol han estado custodiándolo desde 1911. Los dos animales son tan queridos por los neoyorquinos que, además de convertirse en los protagonistas de un libro, ¡también son la mascota de la *library*!

• ¿León o castor?

No todos estaban de acuerdo en hacer dos leones. Había algunos que, como el *presidente Roosevelt*, habrían preferido dos BISONTES y otros dos enormes CASTORES. Antes de llamarse *PATIENCE* (Paciencia) y *FORTITUDE (FORTALEZA)*, los dos animales cambiaron su nombre varias veces.

¿CÓMO TE HUBIERA GUSTADO LLAMARLOS?

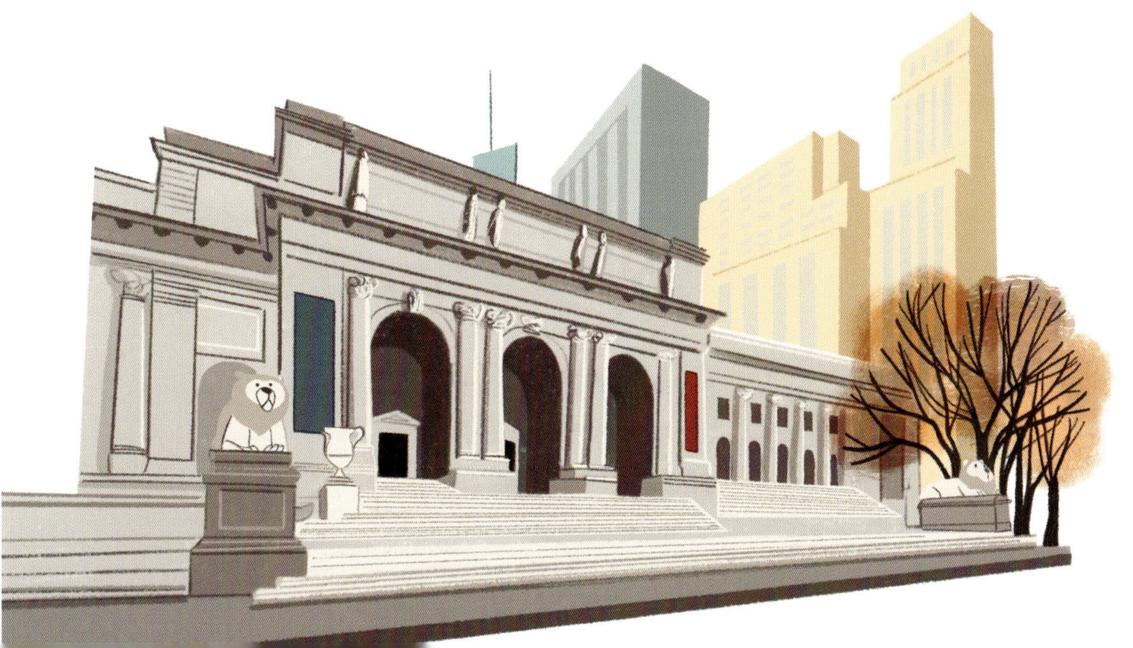

GRAND CENTRAL TERMINAL

¡Que levante la mano quien esté fascinado por las estaciones y los trenes!

Además de ser la estación más grande del mundo, la *Grand Central Terminal* es un lugar lleno de historias y curiosidades, empezando por el motivo por el que se construyó. En 1902, el choque entre dos trenes de vapor aceleró la idea de extender el uso de TRENES ELÉCTRICOS, más seguros y menos contaminantes. Por lo tanto, se necesitaba una nueva estación para construir en lugar de la antigua.

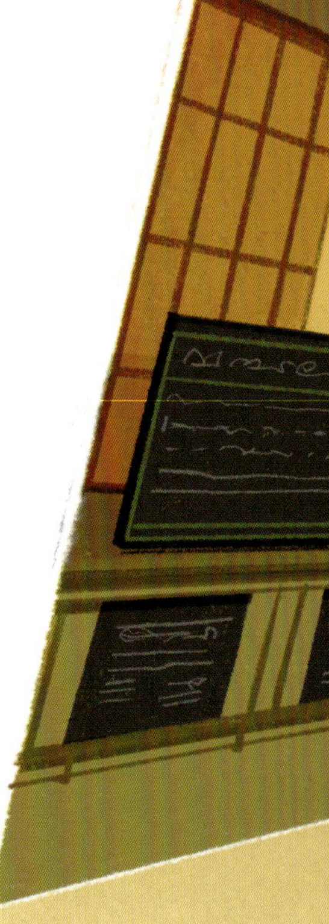

• Un techo lleno de curiosidades

¿Sabes qué es lo primero que tienes que hacer al entrar en el vestíbulo de la estación?
¡Mirar hacia arriba!

EL TECHO ESTÁ PINTADO COMO SI FUERA UN INMENSO CIELO NOCTURNO CUBIERTO DE SIGNOS DEL ZODIACO Y 2 500 ESTRELLAS, ¡ALGUNAS DE ELLAS ILUMINADAS POR LEDES!

• The Whispering Gallery

En el segundo sótano, frente al *Oyster Bar*, hay una galería muy especial.

SI TE COLOCAS DEBAJO DEL PRIMER ARCO Y SUSURRAS ALGO, DEBIDO A UN EFECTO ACÚSTICO ESPECIAL, LA PERSONA QUE ESTÁ EN EL LADO OPUESTO PUEDE ESCUCHARTE. ¡PRUÉBALO!

• Relojes inteligentes

Todos los relojes de *Grand Central* están ajustados exactamente un minuto por delante. ¡De esta manera disminuye el riesgo de que los pasajeros pierdan el tren!

Busca y encuentra
Una maleta llena de etiquetas, la funda de una guitarra, una mochila verde, un maletín marrón y un perrito.

LEYENDAS METROPOLITANAS

My dear friend, hasta ahora hemos visto muchas cosas pero Nueva York esconde muchas más. Cosas que nadie ha visto realmente pero de las que todo el mundo habla...

• Los caimanes en las alcantarillas

Parece que un día algunos chicos compraron cachorros de caimán con la idea de tenerlos como mascotas. Pero cuando los pobres reptiles crecieron un poco, fueron arrojados por el desagüe. Aunque parezca poco creíble, es cierto que ha habido numerosos avistamientos de grandes «monstruos» verdes en las alcantarillas de Nueva York.

EN CASO DE DUDA, SI VES UNA ALCANTARILLA ABIERTA, ¡NO TE ACERQUES!

• Un barco espeluznante

Mirando el *Hudson* en un día brumoso, es posible que veas una embarcación inusual flotando sobre el agua. Si te sucediera, no te preocupes: es solo el fantasma de un barco que naufragó aquí hace muchos siglos.

• Un tesoro peligroso

Antes de ser ahorcado por piratería en 1701, el capitán *William Kidd* escondió su tesoro bajo una gran roca plana en *Liberty Island*.
Antes de que vayas a cavar, debes saber que quien lo ha intentado ha encontrado una sorpresa desagradable. De hecho, parece que un temible fantasma con un sable vigila el oro.

¡MEJOR NO CORRER RIESGOS!

• Las hermanas fantasma

Si al pasear por *Central Park* en invierno te dan ganas de patinar sobre hielo, es posible que te encuentres caminando codo a codo con las hermanas Janet y Rosetta Van Der Voort. No te preocupes si son más rápidas que tú, al observar los patines notarás que... ¡NO TOCAN EL SUELO!

MY LITTLE EXPLORER, ¡HEMOS LLEGADO AL FINAL DE NUESTRO VIAJE! ESPERO QUE TE HAYA GUSTADO ESTA AVENTURA Y QUE TODAS LAS COSAS QUE HAS VISTO Y APRENDIDO PRONTO SE CONVIERTAN EN RECUERDOS PRECIOSOS.

GOOD BYE, MY FRIEND!

LAURA RE

Nacida en Roma, asistió a la Escuela Romana de Cómics. Inmediatamente después, colaboró con estudios de animación, donde ocupó el puesto de diseñadora de personajes, artista conceptual e ilustradora. Tras asistir a la Escuela Internacional de Ilustración de Sàrmede, se trasladó a Milán para cursar el Máster en Ilustración de Mimaster. Aquí ha profundizado sus conocimientos sobre la edición y la ilustración infantil.

DANIELA CELLI

Nació en Florencia en 1977. Después de estudiar piano en el conservatorio ‹Luigi Cherubini›, se trasladó a Nueva York, donde comenzó a estudiar Criminología. En 1997 regresó a Italia y se graduó en Derecho y obtuvo, además, un diploma en la Academia de Artes Dramáticas. Siempre apasionada por los viajes, desde 2008 escribe en un blog sobre las aventuras con su familia viajando por todo el mundo.

Maquetación: Valentina Figus

Mr. Squirrel vive en un gran árbol nudoso en Central Park con su familia. Es muy amable y le encantan los niños. Le apasiona la aventura, pasear por Nueva York y los avocado toasts, mejor si se comen sobre una cuidada hierba.

Piazzale Luigi Cadorna, 6
20123 Milán, Italia
www.whitestar.it

Licenciatario de National Geographic Partners, LLC.

Traducción: Qontent
Edición: Yaiza Leal Cañizares

ISBN 978-88-540-5791-3
1 2 3 4 5 6 29 28 27 26 25

Impreso en China
por DONG GUAN CHUANG
DA PRINTING CO., LTD.